AF448543

No lo contó la caoba

Rosaura Mestizo Mayorga

Colección
Sembremos Arte

No lo contó la caoba

Rosaura Mestizo Mayorga

Ediciones Grainart

No lo contó la caoba
©Rosaura Mestizo Mayorga
©Colección Sembremos Arte
ISBN: 978-958-49-3139-9
Diseño y edición: Ediciones Grainart
Compilación y diagramación:
Mónica Patricia Ossa Grain
Diseño de Carátula:
Helen Vanessa González Ossa

Obra portada:
Serie Ecos de paisaje.
Acrílico sobre lienzo
Correo Carlos Murillo
carlosart5@hotmail.com

Ediciones Grainart
edicionesgrainart@gmail.com
edicionesgrainart@hotmail.com
Contacto: 3148685940

Impreso y hecho en Colombia.
Printed and made in Colombia

Santiago de Cali – Valle del Cauca
Julio de 2021

*"Hay un viento en suspenso
sobre los altos árboles,
un repique de lluvia
sobre ruinas oscuras y humeantes,
un gesto en cada rostro
que dice de amargura y vencimiento"*
-Maruja Viera-

Al(a) lector(a):

Que, al ingreso de este viaje, nos encontremos tanto con las tinieblas como entre máscaras iluminadas, porque la poesía es un nervio más de nuestro árbol; por que la poesía es una cápsula diaria para seguir viviendo.
No recomiendo equipaje ni viandas, el viaje lo haremos desnudos.

Bienvenido con su garrota:
Rosaura Mestizo Mayorga

A Ediciones Grainart:

Gracias por sembrar semillas,
en la estación de lo humano.
Gracias por evitar
que el silencio caiga al vacío,
sin haber conocido la nada.

Rosaura Mestizo Mayorga

A manera de prólogo

No lo contó la caoba: una licencia de abordaje
Cuando Rosaura Mestizo me pidió que escribiera
unas palabras de introducción a su libro, me dije:
"enloqueció", y lo hice pensando en el escritor
peruano Ricardo Palma, quien dejó escrito en
alguna parte: "Es preciso no estar en sus cabales /
para que un hombre aspire a ser poeta". Para
nuestra fortuna Rosaura no está en sus cabales.
Creo que en un contexto que deja ver un
desconcierto espiritual como nunca antes se había
experimentado, escribir poesía es subirse de la
mano de El Bosco a la nave de los locos.

Su poemario No lo contó la caoba nos muestra su
enajenación. Con un lenguaje limpio, despojado de
adornos innecesarios, que no tiene la pretensión de
ir más allá de lo que dice, pero que logra contagiar
al lector con las inquietudes que plantea, Rosaura
se hace merecedora del pasaporte para abordar y
así lo testifican sus palabras: "Ahí me veo / ahí
oscilo/ domesticando una piedra."

Las palabras se van sucediendo con la timidez del
que sabe de los peligros que le acechan en el
camino espinoso y árido de la Poesía, para dar fe
"de los amaneceres / en los que flota la espera";

para recordarnos que "el desamor /es como el destierro/ se parte sin saber a dónde"; para testificar que en ocasiones con "sólo un jazmín" nos basta; que nada quedará: ni las huellas "sobre la piel vencida"; ni "los besos que saben a distancia" y que nada habrá de "calmar la sed al fondo de nuestras almas"

Es evidente una sensibilidad que no se queda en la intimidad de sus emociones y que transita los espacios del otro y logra alcanzarlo con la nostalgia y el llanto; pero también con los aleteos de la euforia, cuando en la ciudad la sorprende el anochecer hilando y trenzando "los colores de la lluvia" mientras declaman la luna o la soledad "esa pequeña flor del poeta".
Rosaura tiene claro, como corresponde, que la Poesía es un paliativo para continuar y así se convierte en "una cápsula diaria para seguir viviendo" y no importa que nos encontremos luego entre tinieblas, o entre "máscaras iluminadas"; ella se atreve y no le da vértigo que la realidad se le descubra en su más fundamental alcance, pero no olvida todo eso, que si No lo contó la caoba es acaso por pudor frente a tanta "amargura y vencimiento" como nos lo anuncia la poeta Maruja Vieira en el verso que sirve de epígrafe al libro.

La caoba como símbolo de la permanencia en la que "al dorado final de su copa, combaten los truenos y en su tronco vigoroso y rojo nos habla de la "última lluvia" sin embargo nos advierte que "se acabaron los colores" y que la orquídea "asiste a funerales". Y siguiendo por ese camino su sensibilidad social se pregunta:

"¿Dónde ondean las banderas de los niños de Cali?
¿Dónde las promesas samaniegas?
¿Dónde los caminantes de la Guacaya?
¿Dónde, dónde sus bocas de tierra?"

Y ya el imperativo es entonces "nacer para seguir creciendo" - para nacer he nacido nos decía Pablo Neruda-; la exigencia es encontrar una hendija de certidumbre, una "primera luz" que es el mismo "llanto al nacer".

Como buena profesora, Rosaura Mestizo nos enseña que frente a la gravedad de "ciertas preguntas a cierta edad" es mejor oponer el conocimiento, no importa si el costo sea nuestro dolor. Así que bueno es saber que no sólo "hay tardes así" sino días así, años así, acompasados por el dolor, en los que simplemente somos "uno más en la multitud" mientras inexorablemente vemos como "la vida se aleja".

Fernando Linero
Poeta y Músico

No lo contó la Caoba

La tierra parió un bosque
sombra que duerme en la noche
rumores, misterios asisten
lo decía siempre el cedro
cuando cantaba la azucena
y danzaba la palmera
la bromelia perdía el aire
la orquídea asistía a funerales
por una explosión del centro de la montaña.
Teca, Guayacán, Ébano

No hay agua que nutra su savia

La última caoba ha dicho:
-se acabaron los colores.
mirlos, guacamayos,
de lejos los alcaravanes -
han dejan un testimonio:
ramas y hojas
salieron de entre las llamas
como todos los desterrados.

Día

El día
es un potro
en el que cabalgan casualidades
hasta aquellas que declinan en la nada.
Ahí me veo
ahí oscilo
domesticando una piedra.

Oficio de la pared

Mariposa sobre el ajuar inmaculado
liba de mis poros, el sustrato inexistente
del cojín cargo de empastes:
mis culpas, mis sueños, mi llanto, inocentes.
Sobre los brazos de un árbol viejo
columpia el tiempo suspendido.

De ese visor,
el añil de mis hombros, mueve las lunas
de pájaros detenidos,
tras la araña que hila su tejido en mi pelo
el color difuso de mis ojos
donde habita la miopía
el trazo de la marcha sobre el polvo
como el grueso de mis labios, desvanecidos.

Perenne, siempre sonriendo,
perenne en la nube de un marco estricto
perenne el retrato en la pared,
que fui, siempre perenne sonriendo.

Intimas

Íntima
una sábana desprovista de sentencias
Una almohada
Custodia de confesiones
Una sábana el camino de un milagro
Una almohada
El acto forastero del oasis
Una sábana puede ser la ciudad asolada
Y una almohada
El vértice de una tarde entorpecida.

Crecer

He crecido en batallas interiores
con vestigios y espadas
por sí misma construidos.
He caído en el abismo
he volado al agujero,
y la luz me regresa
 a otro punto del espacio.

Vuelvo entonces a nacer
para seguir creciendo
por estos túneles
que ciñe la orfandad
canales
que conducen de nuevo
al abismo.

Des-Amor

Con el tiempo
el soliloquio
construye un amante
imaginario.

El desamor
es como el destierro
se parte
sin saber a dónde.

Rosaura Mestizo Mayorga

Cuando el sol imprime su sello

de vaho y tufo nocturno
en el alba
cuando el sol sella el día
la luz de la tarde bifurca
 la arquitectura
en ese claroscuro me consumo
buscando la luz
 en el vapor del sereno
para recrearme
entre rostros etéreos
de los fantasmas que no reconozco.

Doy fe

De los amaneceres
en que flota la espera,
encomienda
que ha suspendido el aire,
como tu mensaje

Doy fe
de tu voz amorosa y ausente
el vacío que alimenta tu plato.

Doy fe
que mis sábanas te necesitan.
que la noche te nombra.

Rosaura Mestizo Mayorga

Nostalgia

...que llega y se posa
en la página nueva
del diario de duelos
escribe
palabras huérfanas
no alineadas
no concordantes
no se atraen
 para cercar al abismo,
desazón en su gruta.

Nostalgia
no aplaza el tiempo
llega de pronto
como el vacío sin fondo
como el río sin cauce
como una playa atormentada.

Lamparazo

La nostalgia
es un lamparazo,
enciende el fuego
lento agoniza
en el cadalso
de su infierno.

Antorcha

La ciudad
es una mujer mayor
hila y trenza
los colores de la lluvia.
Museo de rostros antiguos
hila también la nieve de las cumbres
y de los arreboles
dibuja sus sombras.
La ciudad escucha
el cantar del silencio,
al tedio gritar
La ciudad se propaga
como una antorcha
de luces serpentinas
con bocas de serpientes
La ciudad, artificio de espíritus
nos bebe, nos embriaga…
Polvorín ilegal
de pocos ilesos.

Con tal que el poema

llene el silencio de espuma y color
resista sequías como el alcaparro
Con tal que guarde memoria
de la última cita, la botella de vino
franquicia para arrebatarle a la noche
miedo y llanto
y la aureola de su verso
alcance la luz de la última esquina.
Con tal que el poema
sea vida a la vida,
piel a la sangre
tú, serán perenne.

*Pronto un rayo de sol
encenderá los verdes del patio,
y saltarán al césped
una vez más los pájaros.*

-José Luis Díaz-Granados-

A ellos

botitas en charcos
mejillas azoradas
lagos de preguntas
viajes de papel
conquista la escritura
cuenta-historia
 de las manos
cuarenta ovejas negras
zapatillas del ballet
guitarra enojada
cancionero de Guillen.

Dejo al sendero
el viaje de sus sueños

¡Que la vida alcance!
 para ser huésped,
en tres embarcaciones.
¡Que me alcance la vida!
que no me sorprenda la muerte
sin ver tres faros encendidos.

Ciertas preguntas a cierta edad

A dónde, han de ir mis líneas y puntos de apoyo
A dónde el mapa que me queda
¿la nueva hechura de mi cuerpo?
el éxtasis, y el amor encadenado al tiempo
y los pensamientos
y mi rebeldía
sí,
rebeldes de los lugares vacíos
hastiada rebeldía entre multitudes
y el tiempo
el astuto y cauteloso tiempo
sellado en los cristales
donde siempre estoy sirviendo a la rutina
y de alimento los asombros.

A dónde caerá la musa
que llama insaciable a mi puerta
de cualquier planeta o asteroide divagando
en las manos de mi niña que no duerme.
A dónde, se dirigen las formas de mi cuerpo

Si caen: planeta y asteroide, esta noche
al galope de los caballos en mi agua.

Carmesí

Han quedado en mi fondo
los acordes de tu guitarra flamenca
con que llamabas mi sangre remota
a la hondura de tus celdas.

Una copa de vino tinto
otra de vino blanco.

He preferido estarme
al otoño de una tarde
entre la cortina sanguina
sintiendo que el aire penetra
al vientre de tu guitarra.

Me quedé con el último arpegio
de tu guitarra flamenca,
un vaso de vino tinto,
una copa de vino blanco,
y tu sillón negro, vacío.

Biografía para no pensar la ausencia

Ella es
la mujer de todos los tamaños
de todos los colores, la señora
la savia de todos los saberes.
Ella es
gaviota imperceptible
del desierto marinero
palanquera en la tormenta
línea - sueño
puerta - espejo
hacedora de todas mis corrientes.
Ella, apedreadora del cascajo en los desafíos
tejedora con sus manos de jeroglíficas caricias
y entre sus líneas del tiempo
ha construido constancia.

Yo, tengo a mi lado una señora así
que me incita a vivir
en senderos de armonía.
Quisiera ser como ella
paciencia y constancia.

Rosaura Mestizo Mayorga

Amor de Pandemia

"El amor se hace más grande y noble en la calamidad"
-Gabriel García Márquez-

Cuánto del amor
nos resta al final.

No quedarán mis huellas
sobre tu piel vencida
No tus besos
que saben a distancia.
No alcanzan nuestros oídos
alegoría alguna
que venga a calmar la sed
al fondo de nuestras almas.

Solo, magnificencia
de ésta desnudez que nos arrasa
y nos conduce al fuego de los siglos
como tránsito
de tiempos epidémicos
que azotan el miedo al sepulcro.

Sin embargo, nos sabemos
en un viaje entre espumas
y eso basta

para saber que estamos
en la estera de la vida
como plumas,
escribiendo sus memorias.

Rosaura Mestizo Mayorga

Hay tardes así

-1-

Acercándose a la noche
persistiendo en los estadios
de los días
inmóviles, infértiles

Hay tardes así
que no soportan el silencio.

Pero ésta tarde los dioses lloran
sobre el mar de soledades
sobre el iceberg diluido
 y el universo en asombro.

Pues esta tarde la muerte
toca la puerta, nuevamente equivocada.

Hay tardes así

-2-

Hay tardes
asomando su alar claroscuro
a los cristales
cuando el velo de la niebla
incrusta su tejido al arco iris;
son las tardes que acompañan
lo voluble, lo etéreo,
tardes atadas al recuerdo
 al tiempo lejano
en que el miedo
fue hijo de la fatalidad

Recuerdo irreparable
juego azaroso del firmamento
paisaje arrebolado y ligero
sombra de infante o de anciano,

Tiempo derrotado.

Hay tardes así

- 3-

Dilan Cruz Medina, hay tardes así.

Así
Tardes agobiadas
cargadas de difuntos
tardes acompasadas
entre golpe y dolor

Tardes en que la tierra tiembla
tardes ráfaga, tardes arenga.
Tardes polvo.

-Esta tarde,
soy uno más en la multitud
en mi grito se congrega
donde mí voz me traiciona.
Entre un dejo, la vida

La vida se aleja
y me lleva al eco
me transmuta el misterio
sin comprender, qué fui-.

Mediano espacio

En el umbral de mi puerta,
hay una hendija constante
una herencia, un ancestro,
una ronda de sombras
por esa endija se cuelan los rostros
rostros de paso ligero

Velos, artificios vistosos,
pieles desnudas.

Por esa misma hendija, pasa
un destinatario de la tierra que piso.

He visto en ella el ángulo
aglomerando su vientre,
la he visto entre bisagras del tiempo
astucia de un blanco negro felino
huella constante de un juego de niño
con un juguete prohibido,
en la rodilla izquierda.

Hendija cautiva.
Noches y luchas sobre la misma arena,
esculpido amague frente al espejo
y el golpe al cielo, con pequeñas piedras

en-sueño pregunto:
¿qué amor es este
de mediano espacio, para las palabras?

Ville de Puteaux

Ochenta y tres potros despertaron los días
Ochenta y tres caballos cerraron las noches
En silencio deslizó sus pasos
por historias ajenas.

El mundo antiguo
viajó en los rieles de Puteaux
cargando de rojo ceniza el otoño.

Ochenta y tres potros
evocaron palabras dispersas sobre
La Defense de París.
Ochenta y tres caballos
doblaron el -axel- de La Ville de Puteaux
ligando a sus rieles, una historia que niega
el viaje por la memoria de ella.

Rosaura Mestizo Mayorga

Preludio para tres estaciones

Sentir

Presumida de mis líneas, de mis curvas
creía que mi cuerpo era coraza
al que no tocarían los golpes del silencio.
Olvidaba que también los sueños se erigían
en espacio para el clímax
y las almas se anidaban
que llegaba su ejército en una góndola antigua
que podría colmar mi fondo y llovería
como un caudal más
y poblaría mis praderas y colinas
que los paréntesis, se llenaban de puntos
                        suspensivos
en mi adentro y sus esclusas abrirían sin
interpelación
y serías.
Tu serías.
Con el tiempo
fui sintiendo tus arcadas en mi tierra
tus manos buscaban una lira en mi piel
yo, tejía la ternura en mis celdas.
Ya no recordaba ni de líneas, ni de curvas.
Ya eras mi dominio y entonces a tu paso
crecía mi cintura.

Ver

La vida brotó apresurada ante mis ojos
y te vi.
Por fin te vi
envuelto en un bosque de retoños,
eras remoto, un arconte, un eclipse a mi luna
que brillaba en cláusulas de orden y justicia
según tu llanto, eras un presagio, un desafío.

Te vi, como castaña
mi vientre tu castaño y sus erizos
Otros te esperaban
alguien te llamaba, alguien buscaba tu encuentro
alguien, quería ver la parte de su arte y su cincel
te buscaba en mis brazos y en mi pecho.

Primero, fui quien te miró
después fuimos dos,
fuimos tres, fuimos cuatro…

Tocar

Mis manos volaron sobre ti
para envolver la enérgica melodía de tu llanto,
para ajustar el frío del día a día a tu presencia.
Fue tu grito: alimento, justicia libertad a tu

                                                          primera luz.
Comprendí que ya no era fácil la tarea
que tendríamos escarpadas,
puentes, corrientes, subidas y bajadas
por las que juntos tendríamos que pasar.

Besé tu frente, busqué la lira y el arco de tus

                                                             manos
con que antes llamabas a mi piel
toqué tu pecho para conectar tu corazón a mi

                                                                  ruta
lloré como una fuente, celebrando tu vigor,
supe entonces que mi cuerpo no era una coraza,
que mi cuerpo era tu reserva.
y reímos
tú
con ese estilo inconsciente
yo, emergida en mis raíces.

Tus manos
desde entonces vienen a posarse en las mías
como liras y arcos que van creciendo en medio de
de las notas
y mi voz,
no es la mía,
canta la voz de mi substancia
cada año el mismo preludio de amor y bienvenida.

La primera luz

Es sonámbula
fugaz y confusa en el camino.
La primera luz
es el
 llanto, al nacer.

Las tías

Las hay de amor o de censura
Las tías aparecen susurrando de repente
un preludio de goleta en su cascada
en rítmico vaivén...
Sus ojos, sus manos y silencios
aún, acompañan cómplices mis quejas
mientras siguen enseñando a contener el sol
entre las manos
Las tías abrieron paso
al misterio de un bosque
zapatearon por una misma lucha
La de madres.
Cuando el arrebol del tiempo
empieza a clausurar sus movimientos
el aire deja de enredarse en su pelo,
una lágrima indiscreta rueda en su mejilla
hay anuncio del camino
espacio
para una nueva estrella.
Me quedó apretada en mi tristeza
Me quedo sosegada entre sus luces.

Calle Quinta

Mi padre
hubo de abandonarlo todo.
La noche
la travesuras de los fantasmas
el día con el rastro de sus pasos.

Mi padre,
copó de alegría nuestras risas
promesa de futuro,
en las gotas del silencio
en su vientre justicia y honradez.
Mi padre,
es ahora un roble en el campo
abrazando generosamente todo
con su sombra
Su voz,
quedó aquí adentro del sarcófago
de incienso que me habita.

He visto a mi padre,
surcando el horizonte con el cayado,
Lo veo en la ventana,
en su calle
observando el paisaje
esperando el adiós de algún vecino.

La caída de sus párpados,
llevada con la muerte y su última sonrisa

Lo veo, indeleble, despidiendo al pavimento,
de su afamada calle QUINTA.

"*Esperando que un mundo sea desenterrado por el lenguaje, alguien canta el lugar en que se forma el silencio*".

-Alejandra Pizarnik-

Rosaura Mestizo Mayorga

Poemario

A la Colección Sembremos Arte

Deja que llegue a ti, mi aliento
la incertidumbre
la resistencia
los miedos
las protestas
el dolor.
la rabia, el llanto.
Permítele el grito al silencio
la respiración agitada
la pausa, el sosiego
el salto y asalto
a la profundidad de la nada
el viaje a la calma.
Conserva la estación para el verso.

Indica el puente para atemperar el tiempo
Permite esparcir las lágrimas
soñar, cantar, verter las emociones
de amor o de abandono

Permite cantarle al aire
a la montaña
condúceme a tocar la niebla.

Déjame crucificar de ser necesario
mi soledad
sobre tu página blanca.

Deja mi olfato oler tu fragancia
a mis manos
juntasen al viaje o vuelo
en la imaginación de otros poetas
que abrigas en ti, Poemario.

Ícono

Palabra parte del hombre

Palabra – no guarda silencio
Palabra hace silencio
Nada, vacío, balanza
Son camerinos de voz
presencia en la ausencia
de
todo, profundo, desmedido,

 Palabra: nervio, sangre.

Pienso, la siento,
no puedo tocarla
porque vuela en las alas de un pájaro
incógnito
y no la alcanza ningún desaliento
palabra,
ícono de mentira o verdad.

Agosto-Angosto

"Esta es la boca que hubo,/esto los besos./
Ahora solo tierra:/tierra entre la boca quieta"
María Mercedes Carranza

Les prohibieron el grito
les purgaron con miedo
arrancaron sus ángeles
a las madres huérfanas.
Si la vida solo es filo
de un angosto agosto.
Si la vida, es un espejismo sin nombre
se hundirá en el mástil de la bruma.

¿Dónde, ondean las banderas de los niños de
Cali?
¿Dónde las promesas Samaniegas?
¿Dónde los caminantes de la Guacaya?
¿Dónde, dónde, dónde...sus bocas de tierra?

Les prohibieron gritar
            les vendaron dos veces la boca...

Música

Alguien agita alegría,
algo se escucha
alguien agita angustia o despecho
en súbita espiral.

Es ella, la noche y sus murmullos
la noche atenta a la perpleja luz
que escucha la armonía del viento.
Las notas se alían
se esparcen entre ramas,
son espasmos de milagro
un resplandor del claroscuro
vierte pronto la espuma nublosa
y crece la luz.

Es la melodía girando en las alturas
arrítmica, rítmicos los soplos esfumados
desde los pulmones de los instrumentos.

Sedosa, abrasivo cincel volátil a la roca
la música acaricia, toda incertidumbre.

Dorado y Canela

-La canela: oro, sí, pero astillado en aroma-
(William Ospina)

Sueño de nuevo con el tiempo y sus estancias
en que las flores se anteponen al obituario
el aroma de canela invade pasillos y ventanas
entra sosegada al olfato.
El olor de canela no conoce de fronteras
de vedados o candados en los puertas.
Más la vista se distrae ante una cesta atalayada.
presumida de oro, por fortuna.

El aroma de canela continúa su camino,
invade la cesta huérfana de oro
sesgo a la ventaja
del cristal que nos separa de la noche,
y el océano de estratos que alguien parceló.
África y América sanando las suturas.

Igual a este muro delatando
que aquí no quedan presas las palabras
pronunciadas sobre una cuesta,
dispersa el aroma de canela
no se detiene
ante -el ritual de la codicia-.

Las cúpulas de la catedral

Volverán mañana las campanas
 ha convulsionar en gritos
para llamar a los ángeles que guarden
las efigies de los fantasmas.

Volverán a su vigilia
las cúpulas sagradas,
los ángeles mudos izarán la cúspide
con el fervor erótico de los hombres

Ángeles mudos
testigos mudos,
ángeles de guardia
testigos silenciados
ángeles de ángeles
testigos desaparecidos

Dialéctica

Sin premisas
El mundo pasa
por el ojo de una aguja

Sin réplicas
La cabeza de un alfiler
cierra su paso.

Reciclaje

Las palabras de una carta
han ido desplazadas por la corriente del desagüe

¿Qué hacen en el pregón espinoso de una ortiga?

-Soy candidata a reciclaje de palabras en desuso-
Fui de alguna orilla
en cualquier parte
fui coraje
fui hermosa
quizás honrada.

Hégira

Palabras:
Voladoras -------- abejas
Ebrias ------------ vino
Hechiceras -------- búsqueda
Rumiantes -------- salmuera
Salvajes ----------- hiedra
Húmedas ---------- rocío
Imprevistas ------- solsticio

se postran como sanguijuelas en mi pecho
cuando despierto y las noticias me arruinan
cuando llamo la PAZ y ella, responde armada
cuando digo PAZ, y tímidamente
viene un pájaro anémico
como un vapor tibio, casi frío, casi helio
como un satín avejentado.

Auditorio

El saxofonista da la espalda a la vitrina.

Abre el estuche, toma el instrumento
para dejar a la vista de todo transeúnte
 el estómago, mientras sopla sus carencias

El saxofonista tiene público
a su espalda, gente ilustre detenida
que aplaude con sus hojas el concierto.
Caminantes pasan frente a él
pasan, pasan frente a él,
nada ven, nada oyen del artista.

El ignora que versados inmortales
atentos lo escuchan
y lo aplauden a su espalda.

Después del flagelo

¿Qué se mueve entre muros?
Sombras danzarinas
aprendices de la vida

El recuerdo es la concha
donde invernan
los retratos en familia,
los triunfos, las derrotas
las oscilaciones de la muerte.

Cada orilla de la casa
guarda en las fisuras
el manto de una historia,
el lugar de los juguetes,
las materas y sus begonias,
el destino amatorio.

No importa que a la casa
se la lleve la corriente enfurecida
No importa que a esta casa
la convoque un sismo.

Siempre de ella queda
el recuerdo del hermano
el paso lento del abuelo
en las manos de mamá.

Siempre quedan
los pasajes del recuerdo
el llanto en la pileta
el fichero de memorias por seguir
el calendario apostando a los días,
donde pende la humedad y respiración
del sobreviviente.

Fuego-Lluvia

El amor es como un río
llevando todo a su paso
riscos, pajonales en verano
hojas, cascajo en invierno.

Fuego de verano el incendio
Lluvia en invierno, el sosiego.

Rosaura Mestizo Mayorga

Los portones de San Martín

A la memoria de la Gran Mendoza

Guardas son,
de las noches malbequianas
cuando declama la luna...

Los portones de San Martín
tienen rostro afrancesado
para enamorar a las cimas
raíces, de la Gran Mendoza.
en cónclave envían reflejos
al verde de los viñedos.
No son patrones de nadie
ni de enrejado ni cerca
Son imanes que obligan
a entrar y salir por ellos.

Por ahí pasa el poeta
cabalgando versos todo el año.
Ebrios bajan los guerreros
desde el Cerro de la Gloria
e invitan un Malbec
a todos los continentes.
Los portones de San Martín
no son patrones de nadie.

Estas calles rotas de mi ciudad ausente

son boca hambrienta
a las sombras que viste el pavimento
Las horas, aves enjauladas
El tiempo, un cóndor des-alado
La música abandona la alegoría
caminando hacia lágrimas
y descorren el graffiti
de la puerta de un café.

Hay ausencia de viernes ésta noche.
ausencia de celdas para la carne tibia.
.

Mujeres tristes, mujeres sombra
¿Dónde sus sonrisas,
que las alimenta?

Estas calles rotas de mi ciudad ausente
Son jaulas para las mujeres tristes.

Sin condena

Quizás venga en un momento y se ahorque entre
sonidos
sin que ardan las palabras ni lluevan las heridas.

Es preciso que prefiera el silencio antes que decir-
las prominentes.
Es urgente guardar los gritos, las ofensas
si el enojo está ebrio de relámpagos
y el pensamiento atormentado lo llena de
argumentos.

Quédese bajo la sombra de la fertilidad Dionisia

Quédese tranquilo

Deje sus palabras que han de ser calumnia
arma de fuego o piedra
que ellas, reposen su angustia sin usarlas
que ellas se conviertan en balada de alegría
que los cantos de sus pájaros interiores
despierten las mañanas.
sean banderas e intensidades para el arte

Déjelas

Deje las armas y el crujir amargo de su voz
Mójelas en el reposo amigable
del vino que prefiere.
No las unja en el aceite del conjuro de la paz
porque ella no existe,
solo una pesadilla y un vértigo social.

Rosaura Mestizo Mayorga

Amor, de qué ciudad preguntas

Soy, ciudad
de obeliscos y laureles gravitados
de ventanas veladas, y tras ellas nadie
Yo, misma la ciudad entre sus muros
de rampas, de sepulcros
brotando en cualquier calle
como una flor en resistencia
donde llegan, aves de rapiña.

Yo, misma la ciudad

¿Qué más podría ser más ésta ciudad?
sino el trozo de su piel que llevo
si soy sus ojos, mis venas sus avenidas
mi paso, la convulsión de sus afanes
mi dolor, el de los urapanes heridos.

Mis angustias, su agonía.
Yo
la ciudad
Si
la misma ciudad en un trozo de su piel

Soy, ciudad
el lugar donde pernoctas para el arrullo
donde puedes acampar tus miedos.

Deja tu botín violento
ven acá, dame tu pecho
que pueda derramar mi confusión
locamente sobre ti.

Rosaura Mestizo Mayorga

Vinagre

La tumba siempre comprenderá al poeta
-Charles Baudelaire-
(Del poema Remordimiento póstumo)

La copa reverbera el avinagrado vino
en complacido encuentro de gatos y de cuervos
haciendo compañía al silencio de los muertos
para que se acomoden en sus tumbas.

En el otro mundo,
el de la existencia de calles y avenidas
de luces artificiales y bodegas con botines
las horas beben el excitado vino de la gloria
con asertivos golpes a la copa
castigan a la mujer del poeta
en la boca –del cristal azul del alba-
como si, se hubiera interpuesto en la derrota
y de todos los poemas que fueron hechos
no haya uno para ella.

Van a diario en cortejo fúnebre los cuervos
a perforan el cenit del sueño eterno
caminan entre enmudecidas dalias

Allí, a Montparnasse
donde solo ellos tienen libertad
para llegar de noche
dejan algo de él y de su carne

Los gatos mutuamente se lamen
y se crea un paraíso en reposo para alguna flor
maldita

Después, suben ellos
en el ritual de cada noche
–al globo luminoso y frágil–
y riegan los versos a la amante en su memoria
pues todo lo permite el mármol de las tumbas.

Año y hombre

Sin aciertos se camina el tiempo
entre horario y minutero.

-Creí venir inmaculado
entre sirenas y luces artificiales
entre vino y abrazos.
creí en el festín de bienvenida
Creí ser el vigoroso sabio
el buen emprendedor
para darlo todo al hombre-.
Servir de eslabón a eslabón
a un pasamanos de logros.

Más soy un año viejo
el último pájaro de invierno
Caído en los paréntesis del juicio
de la riqueza escasa para el hombre
del éxito o del fracaso.

Sed

Aquí en mi lugar, pido agua
No estoy crucificada y tengo sed
sed de incertidumbre.

Por el fuego que quema las entrañas
pido agua,
agua que apague el incendio
agua, para limpiar el miedo
agua, que lave el misterio,
la lanza, la coraza
y el sueño que me oculta de la oscuridad.

Todo mi cuerpo tiene sed, y pide agua
Mi piel requiere gotas de linaza
la fragilidad de un pincel
que purifique el óxido metálico
imperio de la soberbia ciega.

*"Cuando escribo siempre tengo la
sensación de que alguien está
detrás de mí haciendo muecas.
Por eso huyo, todo lo que puedo,
de las grandes palabras".*

-Wislawa Szymborska

Rosaura Mestizo Mayorga

Plenilunio

Una musa marcha
sobre el sosegado río
sus pasos los va consumiendo
la sombra de la corriente
mas enardecida su onda
ha llevado un beso
a la hondura del mismo río.
El río mira hacia al cielo,
buscando a la otra luna
tal vez se compadezca de él
y le regale otro beso.

Así son las lunas llenas
enamorando al río
sensualmente proscritas
sobre la sábana
que siempre va con el río.
Más siendo plenilunio,
la luna cubre el pudor
tendida en una piedra caliza
para dejarle de nuevo
el otro beso al río

Él se ruboriza,
haciéndose remolino
quiere entre sus brazos
los fractales íntimos de la luna.

Al despertar con el alba
los brazos de la corriente
vuelven a quedar vacíos
Así son las noches de octubre
cuando viene el plenilunio al río.

Vértigo

-1-

El tiempo, ya no pasa entretenido
entre lente de zarpes y arribos
en el barco de vapor,
allá el navegante
desafiaba el tufo de la marea,
sobre la purulencia
de los anzuelos marineros.

El tiempo, fue entonces
inmensamente manso
inmensamente eterno

Vértigo

-2-

El capitán inmanente
atemperó la conciencia
de la niebla que poblaba
la aurora y el crepúsculo

El tiempo, fue entonces
 inmensamente manso
inmensamente eterno

Vértigo

-3-

Ahora

en los puertos
en los acantilados
son escasas las gaviotas

El tiempo, ya no es
inmensamente manso
inmensamente eterno.

El tiempo
es un vértigo legendario
del hambre de los anzuelos

Canción para el pescador adolescente

Donde levitan las estrellas
la luna se está bañando
el sol forcejea
con pequeñas alas cobrizas.
Siente el levitar
con el granel de las aves
para despertar el alba.
Los pasos del pescador
son rastros de la atarraya.
Su malla está tejida
con hilos de optimismo.

El boga palea,
horadando la paz a la playa
El cielo conspira en tormenta
no sabe de levitar.
El pescador busca su pesca
la atarraya no hizo el trabajo
la atarraya se enamoró del mar.

A,B,C, del frailejón

A
Soy gira-sol
Soy silencio
y mariposa.

B
Soy lluvia,
Soy trueno
Soy niebla
y mariposa.

C
Soy halcón a la niebla
soy muro al huracán
soy nicho, cojín de agua.
soy páramo
Frailejón.

Insecto

Si algo estridente zumba a tu nariz
no lo aplastes, no malgastes tu libro de poemas

es un insecto buscando el hogar que no tendrá
abre la ventana y ofrécele el sol fuera del cristal.

Rosaura Mestizo Mayorga

Estuario

A la luz, que fue compañía de Carolina y Emiliano
Un destello cósmico, arrojan sus pupilas
interrogante suspendido, deshojando las orejas
alarma, revela el serpenteo de la cola
en esa trópica severidad de la noche
en que sus pasos van
tropezándose con la luna ajena
navegante del espejo del agua
y el follaje marchito de su sombra.

La alegórica estrategia del fantasma
que noche a noche lo acompaña
y solo él, es capaz de percibir su aliento.

Lo observo
con la minúscula intensidad de mi forma de mirar

Evado, niego,
el absorbo nítido de su espectro visionario
que me conduzca a ver el más allá de la ventana
o el fondo del cristal.

¿Qué observa el fondo telúrico de sus ojos?

Allá donde mi mundo acaba, en esa indiferencia
¿qué hace él de su silencio?

¿Qué tiene el estuario natural que lo habita?
donde el saber humano no alcanza
ni la mano fingida de ternura arrebata su cautela.

Talvez ríe en silencio,
aborreciendo la estupidez que me delata.

Rosaura Mestizo Mayorga

Diario de un gato

Al borde de la ventana sienta el silencio elocuente
el cristal, tal vez responda las incógnitas de su
universo
pasa el tiempo mirando hacia dentro,
labrando con su brillo la sentencia
como si la estrella que llena sus ojos conspirara
al rigor de vigilia entre las rejas.

Afuera las aves se recrean.
Algo lastimero avisan los maullidos
en la estricta geometría de su boca.
Entra a la bahía donde conserva el silencio,
se lame, se enrosca
mejor que no entienda de la ciudad
cercada por moles y metal
¡para qué experticia
de los motivos de nuestro cautiverio!
Una tempestad lo libera,
el zumbido de un insecto.

Vecchio ponte

Un puente, viejo
equilibrio de un alfabeto usado
Un puente, queja
de pasos y quiebre de la historia.

El puente caerá en abandono,
de sus cuerdas y tablones
versará un epitafio:
<aquí yace el origen de un idioma>

Rocas apiladas ciñendo el destierro
para el techo de una lengua.

Rosaura Mestizo Mayorga

Una vez, el mar

Me dijeron que él se agitaba
algo peligroso, perdiéndose la gente
algo alongado, travieso y juguetón
de voz aguda; que ni él mismo
conocía las fronteras a donde pernoctar.

A preguntas infantiles respondían
como si este azul marino nos fuera indomable

Yo temía. ¡Cómo no...!
mi lugar estaba en una jungla de cemento
y no veía
la plenitud del blanco-cerúleo sobre él
moviéndose en una manta roja incandescente,
cayendo
cayendo,
también caía mi oscilante fantasía a su tráfico
como algo extasiada mente mágico

Allá, gaviotas de cristal vi fácilmente en vitrinas
niños obligados, temprano a callar
gritos y murmullos de risas y de juegos
debían consumirse en almohadas, no en el mar.

Temí por caracolas que venían
aturdidas a la playa
constante desafío entre viento
y olas por llegar
yo, me reconstruí en alegría
me sumí por primera vez al santuario de oleadas

¡Ay mar! ¡Ay!, hermosa epopeya de piratas y de
héroes
balada de instrumentos
que me arrolla, me acaricia tibiamente
como un vasto cuerpo homogéneo de los dos
en un incendio de agua y de impulsos.

Me llevas a espacios donde estratos no existen
donde puedo ser mía,
y al mismo tiempo
criatura de la intimidad de su espuma.

Colibrí

Colibrí
verde-azul-platinado
libación de vuelo
¡Quietoi
¡dete-nido!
un instante
libación
 platino- verde-azuloso

Rosal

Párpados de viento
cálida belleza
dame tus vestidos
y tu corona de espinas.

Ha de traerme el viento
la caricia en tu pétalo
de tu corona de espinas
tormentosas vendrán algunas
aún, con su belleza.

Flor de poeta

Pequeño ojo negro, entre amarillo
mece irreverente presencia
así te han llamado por metáfora,
pequeña flor del poeta.
Nadie responde mi duda:
¿por qué a una invasora,
le llaman flor del poeta?

Buganvilla

Te hiciste en la calidez del verano
testigo de semejantes batallas
testigo de vencedor y vencidos
de puentes en codiciadas piedras,
Te hiciste corona perpetua
dejando siempre esperanza
en una leyenda vistosa
de la ruta que han de seguir
manojo de tus bactreas.

Aromáticas

Senda sus hojas tiernas
brebajes en infusión:
manzanilla, menta,
yerbabuena, tilo, albahaca,
para deshacer las heridas
que manan del precipicio.

Senda su vida silvestre
en libertad de expansión.

Jazmín

A Said, y su sombra alejandrina

Siquiera hoy tengo un jazmín
Silencioso caballero de la noche.

Siquiera hoy,
está él,
jazmín en mi tierra.
Cuando
viaje de regreso
a su atmósfera
ha de bastarme
la imagen
aquí dentro,
su fragancia
su ceniza
aquí dentro
una pincelada
de su aroma imaginaria
y la ilusión
inconclusa

*"La mariposa revolotea
como si desesperara
en este mundo".*

-Kabayashi Issa

Haikus

Cae la tarde
ungida de lluvia
noche serena

Sapo a estrella
cambio la costumbre
sello de estanque

Saluda la brisa
golpeando la hierba
¡despierta mañana!

Envía rocío
tempestad celeste
beso al cristal

Por varias horas
siguió el lamento
partió al vacío.

Qué hacer
pregunta la ventana
al pájaro huérfano

Sin sedales
crece la corriente
saltan los peces

Un colibrí
reseña su vuelo
bebe la fuente.

El carpintero
anuncia en su pico
toque de queda

Sabor a lejía
naranjas agrías
desazón amargo

Silencio de la Caoba

La huella de la luz se acerca
al dorado final de su copa
el aura del agua leve
penetra al espíritu de la selva
donde combaten los truenos
el tronco se estremece
tronco que fue vigoroso rojo
ahora corteza ceniza

La caoba siempre mecía
la lluvia de las ausencias
y al golpe de fuego y viento
habló de la última lluvia
habló con la voz del silencio.

Silencio, siempre silencio.

Colección
Sembremos Arte

Fundación Grainart

Desde la Editorial

Una colección de libros tiene la importancia de manifestar por parte de los editores, un esquema organizativo de selección con destino a un público lector que confía en la seriedad y reconocimiento

Con ese objetivo, Ediciones Grainart de la ciudad de Cali se complace en presentar la Colección "Sembremos Arte", que cuenta con un escogido grupo de autores tanto nacionales como internacionales cuya meta es compartir la cultura con temáticas y estilísticas variadas.

Pero más que una apuesta editorial, es una confirmación sentida para que los lectores conozcan a este grupo de cultores quienes desde sus letras contribuyen en el desarrollo personal, comunitario y cultural.

Las voces que se presentan en esta colección, les ofrecerán un alto nivel literario, pues han asumido a través de los años, el reto de posesionar la palabra como forma de existencia, aporte a su entorno y dinámica de vida.

La idea de esta colección nació en mayo del 2020 y después de un esfuerzo que desafía los tiempos de pandemia y el entorno difícil de nuestra sociedad, en marzo del 2021 pudimos lanzar el primer número de la colección pues confiamos que la creación literaria debe permanecer siempre inquebrantable, paseándose por las páginas de la historia y colmándola de motivos para resistir y persistir.

Como saben la Editorial y la colección Sembremos Arte, hacen parte de la Fundación Grainart, que ha compartido desde sus talleres literarios libros de diversos autores en gran parte del territorio nacional. Gracias a eso, continua abanderando su lema "Semilla para el arte", en colegios, bibliotecas, centros culturales; así como al público que asiste a los encuentros.
Ahora nos enorgullecemos de poder compartir y dejar en buenas manos, esta colección que es un consolidado aporte a la cultura y a la comunidad.

Agradecemos el apoyo de los artistas plásticos Carlos Humberto Murillo y Fabián Paz quienes nos permitieron usar sus obras para las portadas de la Colección Sembremos Arte.

Muchas gracias a todos los escritores por confiar en nuestra labor y permitirnos plasmar sus versos en esta colección.
Hoy se lanza este libro **No lo contó la caoba** de la poeta, escritora y gestora cultural Rosaura Mestizo Mayorga, quien ha contribuido y ha sido parte de

los proyectos que se realizan desde la Fundación Grainart. Su aporte a la cultura ha sido invaluable.

Muchas gracias a ustedes amigos lectores, a la familia Grainart y a la fe que nos sostiene, pues nos permite seguir aquí, para rendir con acciones el testimonio de nuestras convicciones, presentando esta colección que nace de la esperanza, el respeto y la admiración por la literatura.

Mónica Patricia Ossa Grain
Cali - Colombia

Índice

No lo contó la caoba
©Rosaura Mestizo Mayorga
©Colección Sembremos Arte
ISBN: 978-958-49-3139-9
Diseño y edición: Ediciones Grainart
Compilación y diagramación:
Mónica Patricia Ossa Grain
Diseño de Carátula:
Helen Vanessa González Ossa

Obra portada:
Serie Ecos de paisaje.
Acrílico sobre lienzo
Correo Carlos Murillo
carlosart5@hotmail.com

Ediciones Grainart
edicionesgrainart@gmail.com
edicionesgrainart@hotmail.com
Contacto: 3148685940

Impreso y hecho en Colombia.
Printed and made in Colombia

Santiago de Cali – Valle del Cauca
Julio de 2021